AF243224

LETTRE

AU PRÉSIDENT

DE L'ASSEMBLEE NATIONALE;

Par les Deputes extraordinaires de *la Ville de Briénon-l'Archevêque.*

ACQUISITION
N.º 42644

LETTRE

DE Dénonciation contre M. CERNON, faisant fonction de Rapporteur du Comité de Constitution, écrite à M. le Président de l'Assemblée Nationale, par les Députés extraordinaires de la Ville de Briénon-l'Archevêque.

M. LE PRÉSIDENT,

Nous sommes Français et libres, le vœu de l'Assemblée Nationale étant de redresser les griefs des peuples et d'établir cette égalité si nécessaire pour leur bonheur, nous osons porter nos plaintes et notre réclamation contre un de ses décrers qui a été évidemment surpris, hier soir, à sa religion. Il étoit dix heures et demie, M. Gossin cesse à ce moment de faire lui-même le rapport du placement des tribunaux ; la fatigue, ou plutôt sa justice et sa sensibilité l'empêchant de continuer, M. Cernon prend sa place, et conclut à ce que le tribunal soit fixé à Saint Florentin. Forcé de convenir qu'il n'y avoit point de centralité marquée en faveur de cette ville, il dit affirmativement que sa population étoit plus forte que celle de Briénon, que son commerce, ses convenances, ses ponts, lui donnant une communication plus immédiate et plus facile avec toutes les parties du district, devoient lui mériter la préférence que l'Assemblée Nationale lui a effectivement accordée par son décret, à l'instant où la chambre ne paroissoit plus complette.

Obligés de rendre compte à nos commettans des motifs de *décision*, quel sera leur désespoir et leur indignation, en apprenant que l'Assemblée Nationale a été trompée: que leurs intérêts ont été compromis; que le rapport du comité avoit pour base des faits absolument faux; et que quoiqu'ils eussent envoyés depuis six mois des députés extraordinaires à Paris, qui avoient déposés au comité de constitution les pieces justificatives de leurs prétentions, leurs moyens cependant n'avoient point été présentés, qu'ils étoient restés indéfendus; et enfin que l'intrigue et le mensonge seuls avoient triomphé.

Pour éviter tout reproche de leur part, *nous dénonçons formellement l'infidélité du rapport, et la partialité qui l'a dicté*, parce qu'il importe à l'Assemblée Nationale, pour que ses décrets soient exécutés, qu'ils puissent amener la conviction et l'obéissance, en faisant connoître qu'ils sont le résultat fidele et impartial de faits bien constatés, et la conséquence des principes qu'elle a adoptés.

Briénon est trois fois plus grand que Saint Florentin ; sa population excede à peu près d'un tiers ; la contribution est plus forte ; elle est traversée par la grande route de Paris ; celle d'Auxerre vient aboutir à son pont sur la riviere ; son port où se flottent les bois pour l'approvisionnement de la capitale , et ses marchés considérables , lui donnent une relation directe , nécessaire et journaliere avec les administrés.

Briénon avoit un bailliage, une collégiale, une officialité , et d'autres établissemens également avantageux. L'humanité seule auroit dû faire la loi à M. le rapporteur , de rendre compte de toutes ces circonstances pour une malheureuse ville , qui éprouva en 1785 l'incendie le plus terrible.

Si votre décret , dont nous demandons la révocation , pouvoit subsister , Briénon perdroit tout , et Saint Florentin envahiroit tout, quoique moins important , quoique séparé par l'armançon qui le rend inaccessible à la moitié du district, pendant la majeure partie de l'année que cette riviere extrêmement dangereuse n'est point guéable ; et nos infortunés compatriotes chercheroient vainement dans la constitution et le nouvel ordre de choses , cette justice et cette égalité promise à tous les Français, par la déclaration des droits.

de l'homme, et des décrets de l'Assemblée Nationale.

Nous sommes avec le plus profond respect,

M. le Président,

Vos très-humbles et très-obéissans serviteurs,

BEZANGER , Maire; MAUROY , Procureur de
la Commune ; FERRAND , SAFFROY et VIBERT,
tous Députés extraordinaires de Briénon.

Paris, ce 22 août 1790.

M. LE PRESIDENT,

En nous référant à la lettre que nous avons
eu l'honneur de vous écrire hier matin , nous
supplions l'Assemblée Nationale d'ordonner qu'il
en soit fait lecture ; et nous demandons acte de
nos protestations contre ce décret rendu en faveur de Saint Florentin, sur un rapport faux et
infidele de M. Cernon.

Nous avons l'honneur d'être avec respect,

M. le Président,

Signés , comme dessus.

Paris , 23 août 1790.

LETTRE *AU SIEUR* CERNON.

MONSIEUR,

Rien de plus faux et de plus infidele, que le rapport que vous avez fait samedi soir, pour le placement du tribunal à St.-Florentin ; quoique révoltés d'un procédé aussi scandaleux, notre profond respect pour l'assemblée nationale, nous a empêché de manifester notre indignation du haut des tribunes : nous avons écrit hier, et ce matin à M. le président, pour dénoncer à l'assemblée, votre mauvaise foi, votre coupable partialité ; et en même tems pour arrêter la lecture du procès-verbal.

A notre grand étonnement ces lettres n'ont pas été lues : se feroit-il que l'homme pervers trouvât dans le temple auguste de la liberté et de la loi, le moyen de violer impunément les droits sacrés du peuple : mais si les formes réglementaires s'opposoient à notre réclamation ; ne croyez point échaper au jugement sévere et impartial de ce même peuple que vous trahissez ; oui, Monsieur, vous avez lâchement trahi vos devoirs, vous avez profité de la retraite de M. Gossin, et de l'incomplément de la chambre, pour commettre l'abus de confiance le plus répréhensible, en favorisant une indigne cabale : en effet on a vu l'avocat Jeannot, et le Curé de Souppes aller de bancs en bancs, pour capter les suffrages, et lorsque tout leur a paru disposé, ce digne ministre des autels, vous a donné le signal, en criant, à plusieurs reprises, *le département d'Yonne, le département d'Yonne*, sur le champ vous avez rapporté ce département qui ne devoit venir que le dernier : et alors vous avez fait valoir pour St.-Florentin, tous les moyens que nous avions invoqué pour Briênon.

Comment ? Monsieur, d'après les mémoires que nous avons fournis, dont vous deviez un compte exact à l'assemblée nationale ; avez vous pu, avancer que sa population, étoit plus forte que la nôtre, et que cette ville avoit des ponts sur l'Armançon, c'est cependant sur la foi de votre rapport mensonger, et sur les absurdités du Curé de Souppes, que le décret si désastreux pour la ville de Briênon a été rendu :

Vil instrument de l'intrigue, ne voyez vous pas les suites funestes de vos manœuvres ? ennemi du repos et du bonheur de vos concitoyens, enne-mi de cette égalité, tant annoncée aux Français, vous voulez donc augmenter le nombre des mé-contens ; vous voulez donc allumer les dissentions, les jalousies, les vengeances des provinces, con-tre les provinces, des villes contre les villes, et nous livrer à toutes les horreurs d'une guerre civile. choisissez, Monsieur, entre ces deux partis, ou d'être juste, ou de vous voir dénoncé à toute la nation comme un prévaricateur ; nous demandons

que notre cause soit revue, & jugée par un Comité composé de Députés pris au sort, qui
nous entendront contradictoirement avec nos ad-
versaires. Nous voulons voir ces intriguants, qui
jusques à présent n'ont agi que dans les ténébres;
nous voulons voir surtout, votre collegue, **M.**
Jeannot, qui, dès la semaine derniere, & avant
que le Comité assemblé nous eût mandé, avoit
déjà écrit à *Saint-Florentin*, qu'il avoit pour lui
les deux tiers des voix, & qu'on pouvoit être
tranquile.

Si ce moyen conciliateur que nous vous pro-
posons, n'est point adopté, nos lettres seront
livrées à l'impression, & l'opinion publique nous
vengera, sans doute, de votre perfidie ; mais réflé-
chissez auparavant, Monsieur, sur votre conduite
si fortement opposée à vos devoirs. Soyez Français, soyez loyal, montrez-vous le digne repré-
sentant d'une Nation généreuse & juste, &
nous aimerons à nous dire, avec reconnoissance
& avec respect,

M O N S I E U R,

Vos très-humbles serviteurs.

Signés, B E Z A N G E R, Maire & Député ;
M A U R O Y, Procureur-Syndic & Député ;
S A F F R O Y , F E R R A N D , Députés.

Paris, *ce* 23 *Août* 1790.

www.ingramcontent.com/pod-product-compliance
Lightning Source LLC
Chambersburg PA
CBHW061600050726
47595CB00009B/3917